BUILDING ON
CHALLENGING GROUND

© 2024 Instituto Monsa de ediciones.

First edition in April 2024 by Monsa Publications,
Carrer Gravina 43 (08930) Sant Adrià de Besós.
Barcelona (Spain)
T +34 93 381 00 93
www.monsa.com monsa@monsa.com

Editor and Project director Anna Minguet
Art director, layout and cover design
Eva Minguet (Monsa Publications)
Printed in Spain

Shop online:
www.monsashop.com

Follow us!
Instagram: @monsapublications

ISBN: 978-84-17557-74-4
B 3650-2024

BUILDING ON
CHALLENGING GROUND

Gross Building Area: 5,651

0 20 40   80

Site Plan

monsa

INTRO Introducción

Architecture in uneven terrains challenges conventions and invites us to rethink the relationship between the natural environment and human design. In this book, we explore the creations of various architects who have embraced the challenge of building in arid terrains, with steep slopes and among imposing rocks. Through their works, we discover how architecture can harmoniously merge with nature, defying the limitations of the terrain and creating spaces that inspire awe and admiration. Whether in cliffside homes or in deserts, these constructions demonstrate the power of creativity and engineering to transform the inhospitable into the habitable, the rugged into the beautiful.

Welcome to a journey through architecture in unique terrains, where imagination and audacity meet the earth and the rock.

La arquitectura en terrenos irregulares desafía las convenciones y nos invita a repensar la relación entre el entorno natural y el diseño humano. En este libro, exploramos las creaciones de diversos arquitectos que han abrazado el reto de construir en terrenos áridos, con pendientes pronunciadas y entre rocas imponentes. A través de sus obras, descubrimos cómo la arquitectura puede fusionarse armoniosamente con la naturaleza, desafiando las limitaciones del terreno y creando espacios que inspiran asombro y admiración. Ya sea en viviendas en acantilados o en desiertos, estas construcciones nos muestran el poder de la creatividad y la ingeniería para transformar lo inhóspito en lo habitable, lo áspero en lo bello.

Bienvenidos a un viaje a través de la arquitectura en terrenos desafiantes, donde la imaginación y la audacia se encuentran con la tierra y la roca.

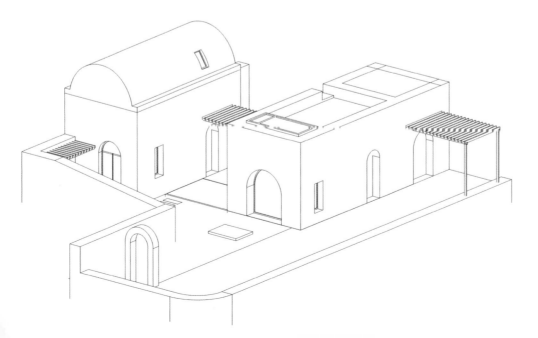

INDEX Índice

ARROYO OAK HOUSE
ANX / Aaron Neubert Architects

Location Castaic, CA **Photographs** © Brian Thomas Jones **Website** www.a-n-x.com

Weary from years of two-hour work commutes, the project owners engaged ANX to develop a new residence within a mile of their Southern California manufacturing company's facility and offices. Interested in maintaining a similar connection to the land as their current residence, an undeveloped rugged sandstone terrain, bisected by a dry river and dotted with native yucca, oak, sagebrush, and beavertail cactus, was selected as the site for the new home.

In response to the challenge of creating spaces to view, measure, and engage with the diversity of the surrounding semi-arid landscape, the Arroyo Oak House is open and transparent, immersed in natural light, and visually integrated with the surrounding Sierra Pelona Mountains. Optimizing the connection to this unique topography, multiple interlocking program-specific pavilions are oriented across the site. The placement and overlap of these pavilions result in varying scales of gardens, terraces, and decks, encouraging landscape elements to literally and perceptually permeate the home's interior.

Upon approach, an elevated, horizontally-clad zinc volume is presented, both transparent to focus attention on the distant ridgelines, and semi-reflective to capture the impression of the clouds. Entering below the elevated mass and into the living level, primary apertures located on the perimeter and secondary fissures between the pavilions collage distinct mountain and sky views. Split-level interior spaces expand into exterior terraces, collapsing the domestic environment upon the rural landscape.

The lower level, containing a home gym, laundry room, guest suite, and pool terrace, extends into the hillside, providing an unobstructed panoramic vista. The continuous materiality of cedar and limestone accentuates the experiential relationship between inside and out. This connection to the outdoors continues on the upper level, which contains the primary bedroom, home office, two secondary bedrooms, linear balcony, and lounge deck.

Los trayectos laborales de dos horas durante años acabaron cansando a los propietarios del proyecto, que contrataron a ANX para construir una nueva vivienda a menos de 1,5 km de las instalaciones y oficinas de su empresa manufacturera en el sur de California. Los clientes querían mantener una relación con el terreno similar al de su residencia actual, por esto eligieron como emplazamiento para la nueva casa un terreno de arenisca escarpado sin urbanizar, donde cruza un río seco y un lugar poblado de plantas autóctonas: yucas, robles, artemisas y cactus cola de castor.

Con el fin de crear espacios para observar, medir y relacionarse con la diversidad del paisaje semiárido que la rodea, la casa Arroyo Oak House es un espacio abierto y transparente, está expuesta a la luz natural y se integra visualmente con las montañas de la Sierra Pelona. Para optimizar la conexión con esta topografía única, los múltiples pabellones entrelazados de programas específicos se sitúan por todo el emplazamiento. La ubicación y la superposición de estos pabellones generan diferentes escalas de jardines, terrazas y plataformas, fomentando que los elementos del paisaje penetren directamente y no pasen inadvertidos en el interior de la casa.

Al acercarnos, se yergue un volumen elevado de zinc revestido en horizontal, es transparente para centrar la atención en las crestas desde la distancia, y semirreflectante para captar la impresión de las nubes. Los ventanales principales situados en el perímetro y las hendiduras secundarias entre los pabellones, que se abren bajo la masa elevada y se adentran en el nivel habitable, combinan distintas vistas de la montaña y el cielo. Los espacios interiores divididos en dos niveles se expanden hacia las terrazas exteriores y fusionan el entorno doméstico con el paisaje rural.

La planta baja, que incluye un gimnasio, una lavandería, una suite de invitados y una terraza con piscina, se extiende por la ladera y ofrece una vista panorámica nítida. La materialidad continua del cedro y la piedra caliza intensifica la relación experimental entre el interior y el exterior. Esta conexión con el exterior continúa en la planta superior, que alberga el dormitorio principal, el despacho, dos dormitorios secundarios, un balcón lineal y una terraza.

The pool terrace and adjacent open-air living room unfold onto the meadow and ultimately the arroyo below, augmenting a natural, preexisting path for animals with a minimally delineated walking loop with which to explore the site. The sensitive nature of the fire-susceptible landscape, as well as the unique climate, solar, and seasonal conditions, called for careful positioning of the home, as well as consideration of plant specifications and irrigation requirements.

La terraza de la piscina y la sala de estar al aire libre adyacente se extienden sobre el prado y, finalmente, llegan hasta el arroyo. De esta forma, se crea un sendero preexistente en medio de la naturaleza para pasear a los animales, definido por un camino para explorar el lugar. La delicada naturaleza del paisaje, susceptible de sufrir incendios, así como las condiciones climáticas, solares y estacionales únicas, exigían una ubicación específica de la casa y tener en cuenta las especificaciones de las plantas y los requisitos de riego.

Site plan

Gross Building Area: 5,651

0 20 40   80

Site Plan

Site plan

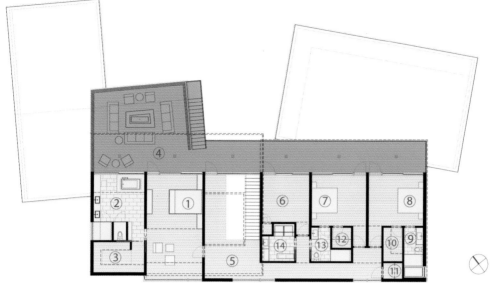

0   5   10

Second floor plan

1. Bedroom   8. Bedroom
2. Bathroom   9. Bath
3. Closet   10. Closet
4. Deck   11. Closet
5. Stair Hall   12. Closet
6. Office   13. Bath
7. Bedroom   14. Laundry

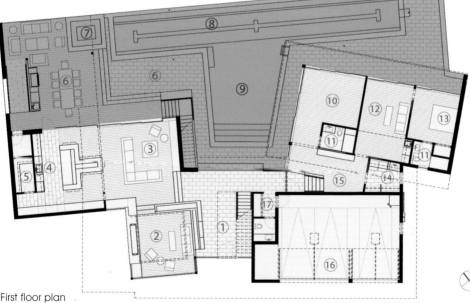
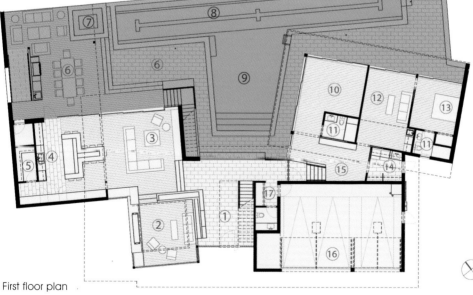

0   5   10

First Floor Plan

First floor plan

1. Entry   7. Jacuzzi   13. Bedroom
2. Sitting room 8. Lap pool   14. Laundry
3. Great room   9. Pool   15. Hall
4. Kitchen   10. Gym   16. Garage
5. Pantry   11. Bath   17. Powder
6. Deck   12. Guest living

CABIN SENJA
BJØRNÅDAL Arkitektstudio

Location Senja, Norway **Photographs** © Hans-Petter Bjørnådal **Website** www.barkitekt.no

The cabin is located in Senja at 69° north in Norway surrounded by majestic mountains, magical fjords with thriving fishing villages, holding on to narrow bits of land between mountains and ocean. The National Tourist Route leads you on a 10 mil long journey along with one of the finest landscapes, with spectacular points of view and several exciting detours.

The cabin designed by Bjørnådal Arkitektstudio is located near a small fishing village called Hamn. The client wanted a family cottage with panoramic views of Senja's stunning mountains and nature. In such a beautiful and delicate landscape, it is important to build with nature and create a project that feels like a part of the landscape.

By studying old Sami building traditions, the architects found the ancient tradition of "Heller" where Sami would find shelter and build a cottage under large rocks. By shaping the building envelope like a stone with natural lines similar to the mountains, one could make a large panorama window in this shape. The project then becomes a "rock with a view" that settles naturally in the terrain - hidden by the forest from neighbors and the main road. Still, on the inside of the cabin, you feel like being part of nature.

The cabin has a wooden facade painted in dark grey to naturally blend in with the surrounding nature. The windows are made of wood/aluminum with details in steel to protect from the harsh winter storms. The main entrance is carved into the building mass and creates a sheltered space to relax.

Inside the cabin, the walls are covered with pine boards, oak floors, and a 45x45 wooden slated ceiling. This creates a warm and cozy atmosphere to relax by the fireplace.

La cabaña está situada en Senja, a 69° norte en Noruega, rodeada de majestuosas montañas, mágicos fiordos con prósperos pueblos pesqueros, que se aferran a estrechos trozos de tierra entre las montañas y el océano. La Ruta Turística Nacional te invita a un recorrido de 16 km a lo largo de uno de los paisajes más atractivos, con espectaculares miradores y varios desvíos fascinantes.

La cabaña, diseñada por Bjørnådal Arkitektstudio, se encuentra cerca de un pequeño pueblo pesquero llamado Hamn. El cliente quería una cabaña familiar con vistas panorámicas de las impresionantes montañas y la naturaleza de Senja. En un paisaje tan atractivo y delicado, es importante construir respetando la naturaleza y crear un proyecto que se integre en el paisaje.

Al estudiar las antiguas tradiciones de construcción sami, los arquitectos descubrieron la antigua tradición del "Heller", donde los samis encontraban refugio y construían una cabaña bajo grandes rocas. Dando a la envolvente del edificio la forma de una piedra con líneas naturales y similares a las de las montañas posibilitaba la creación de una gran ventana panorámica con esta forma. El proyecto se convierte entonces en una "roca con vistas" que se asienta de forma natural en el terreno, oculta por el bosque a los vecinos y a la carretera principal. Aun así, en el interior de la cabaña te sientes parte de la naturaleza.

La cabaña tiene una fachada de madera pintada en gris oscuro para fundirse de forma natural con la naturaleza circundante. Las ventanas son de madera/aluminio con detalles en acero para protegerlas de las fuertes tormentas invernales. La entrada principal está tallada en la base del edificio y ofrece un espacio resguardado para relajarse.

Dentro de la cabaña, las paredes están cubiertas con tablas de pino, suelos de roble y un techo de pizarra de madera de 45x45. Esto crea un ambiente cálido y acogedor para descansar junto a la chimenea.

Project Manager Hans-Petter Bjørnådal **Client** Solbjørg Sørensen & Reidar Fagerholt **Design Team** Architect MNAL Hans-Petter Bjørnådal **Collaborators** Reidar Fagerholt & Solbjørg Sørensen **Engineers** Hustre **Landscape Architect** Bjørnådal Arkitektstudio **Project Sector** Housing

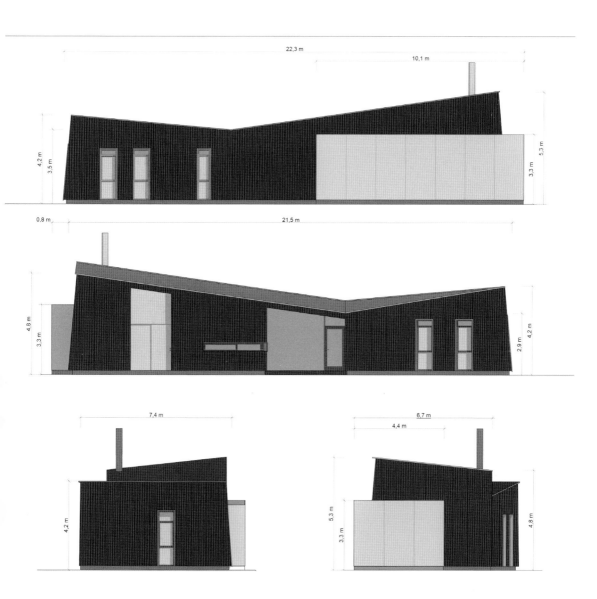

«Architecture is about facilitating life that will take place inside the built, and that this life thrives and grows in symbiosis with our world. Architecture is not just the shell that keeps you dry and shields you from the forces of nature. It will also help to recreate the connection between man and nature, man and the cosmos.»

Hans-Petter Bjørnådal.

"La arquitectura, trata de facilitar la vida que tendrá lugar dentro de lo construido, y que esta vida prospere y crezca en simbiosis con nuestro mundo. La arquitectura no es solo la cáscara que te mantiene seco y te protege de las fuerzas de la naturaleza, sino que también ayuda a recrear la conexión entre el hombre y la naturaleza, así como entre el hombre y el cosmos."

Hans-Petter Bjørnådal.

At the dinner table, one gathers the family with a panoramic view of the mountains. The lines between inside and outside have been blurred and the space changes in tune with the light and landscape.

En la mesa se reúne la familia con una vista panorámica de las montañas. Las líneas entre el interior y el exterior se han difuminado y el espacio cambia en sintonía con la luz y el paisaje.

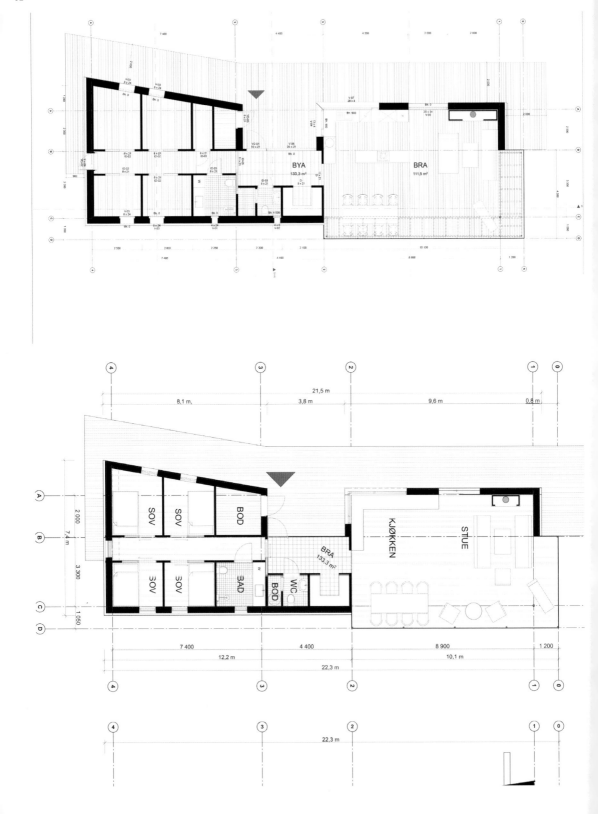

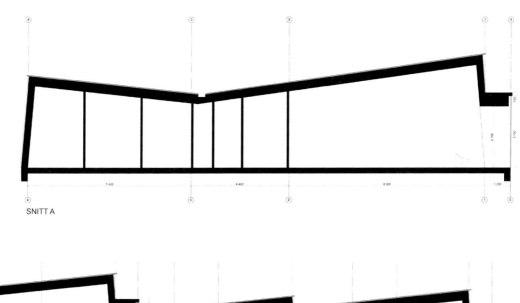

SNITT A

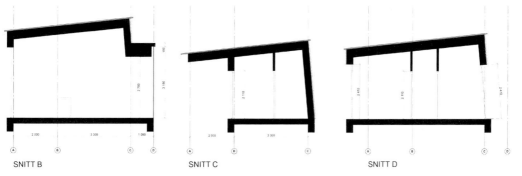

SNITT B   SNITT C   SNITT D

ENSO II
HW Studio

Location San Miguel de Allende, Guanajuato. México **Photographs** © Cesar Bejar Photographer's
Website www.hw-studio.com

HW Studio is proud to present Enso II, a small home designed in the image of its natural surroundings in Guanajuato, Mexico, and Award of Merit at the 2023 AZ Awards.

Following extensive historical research, it was concluded that there are few places in Mexico with a constructive identity as strong as Guanajuato. That finding is clearly reflected in its architecture, traditional kitchen utensils, aqueducts, legends, and even heroes like Pípila, who carries a large rock on his back to protect his regiment against bullets.

In the region around Guanajuato, stone is an element deeply rooted in all forms of cultural expression. Accordingly, the material for this architectural piece was easily selected. In addition, there was a materials bank and capable labor nearby; a dialogue of respect between the artifice and its environment was encouraged. The entire complex is organized on the basis of a cruciform plan; thus, the space is divided into four quadrants by a cross of stone alleys defining the paths, framing all moments, and separating one quadrant from the other.

Once divided, a "vocation" was assigned to each of these quadrants: the lower right quadrant receives the inhabitants upon their arrival; it has the vocation of housing an endemic garden that reinforces, protects, and welcomes living beings and humans. The second quadrant hosts the cars; special care was taken to the trees during construction, as they would provide shade to protect the cars from the sun. To top it off, a long, barely arched stone wall protects the entrance, avoids looking inside the house, and emphasizes the horizontal presence of the mountain in the background. In the third quadrant, there is a one-bedroom house; the public spaces are separated from the private ones by a single volume containing bathrooms, a dressing room, and a service area, which breaks with the open floor plan. The fourth quadrant houses the office; this is the only visibly prominent vertical element that contrasts with the horizontality of the landscape and the rest of the elements, a gesture that flirts with the iconic volumes of the Santa Brígida mine in Mineral de Pozos.

A HW Studio le complace presentar Enso II, una pequeña vivienda diseñada a imagen de su entorno natural en Guanajuato, México, y que ha sido galardonada con el Premio al Mérito en los Premios AZ 2023.

Tras una exhaustiva investigación histórica, se llegó a la conclusión de que hay pocos lugares en México con una identidad constructiva tan consolidada como la de Guanajuato. Esta conclusión se refleja de forma clara en su arquitectura: utensilios de cocina tradicionales, acueductos, leyendas y hasta héroes como el Pípila, que carga una gran roca en la espalda para proteger a su regimiento contra las balas.

En la región de Guanajuato, la piedra es un elemento muy arraigado en cualquier forma de expresión cultural. En consecuencia, fue fácil elegir el material para esta pieza arquitectónica. Además, se disponía de un banco de materiales y mano de obra competente en los alrededores; se propició un diálogo de respeto entre el artificio y su entorno. Todo el complejo se organiza a partir de una planta cruciforme. Así, el espacio se divide en cuatro cuadrantes por una cruz de callejones de piedra que definen los caminos, enmarcan todos los momentos y separan un cuadrante de otro.

Una vez divididos, se asignó una "vocación" a cada uno de estos cuadrantes: el cuadrante inferior derecho recibe a los habitantes en su llegada; su vocación es albergar un jardín endémico que refuerza, protege y da la bienvenida a los seres vivos y humanos. El segundo cuadrante guarda los coches; durante la construcción se prestó especial atención a los árboles, ya que servirían para darles la sombra. Y por si fuera poco, un largo muro de piedra apenas arqueado protege la entrada, evita que se vea el interior de la casa y realza la presencia horizontal de la montaña al fondo. En el tercer cuadrante hay una casa de un solo dormitorio; los espacios públicos están separados de los privados por un único volumen que incluye cuartos de baño, un vestidor y una zona de servicio, lo que produce una separación con el plan abierto. En el cuarto cuadrante se encuentra la oficina; es el único elemento vertical visiblemente destacado que contrasta con la horizontalidad del paisaje y del resto de elementos. Con esto se pretende hacer un guiño a los volúmenes icónicos de la mina de Santa Brígida de Mineral de Pozos.

Lead Architect Rogelio Vallejo Bores **Architect** Oscar Didier Ascencio Castro **Team** Nik Zaret Cervantes Ordaz **Clients** Cem Turgu y Adriana Alegria

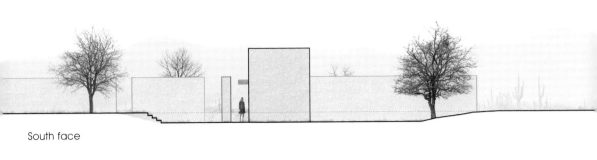

South face

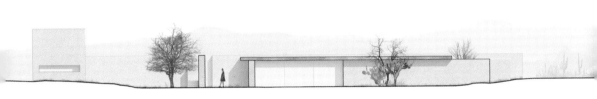

East face

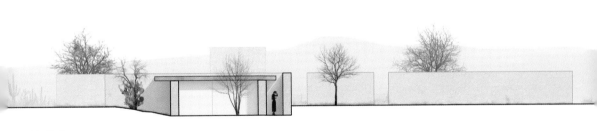

North face

West face

The dispersion of these spaces forces a permanent pilgrimage between spaces; it forces contact with the earth, the air, and the mountain, like an ancient monastery framing the landscape, but at the same time forming a natural part of it.

La separación obliga a tener que caminar para ir de un sitio a otro y a entrar en contacto con la tierra, el aire y la montaña, como un antiguo monasterio que enmarca el paisaje, pero que al mismo tiempo forma una parte de él.

Floor plant

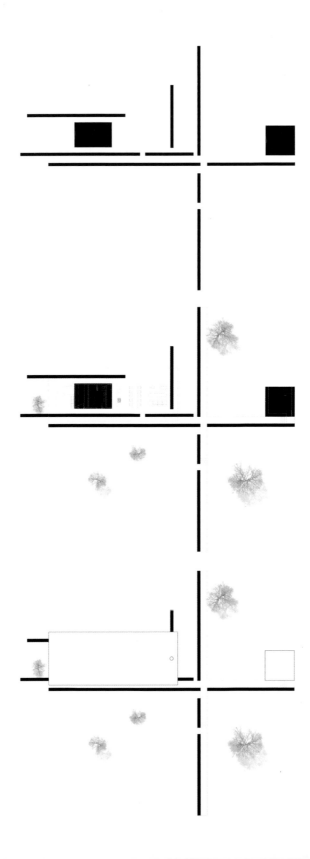

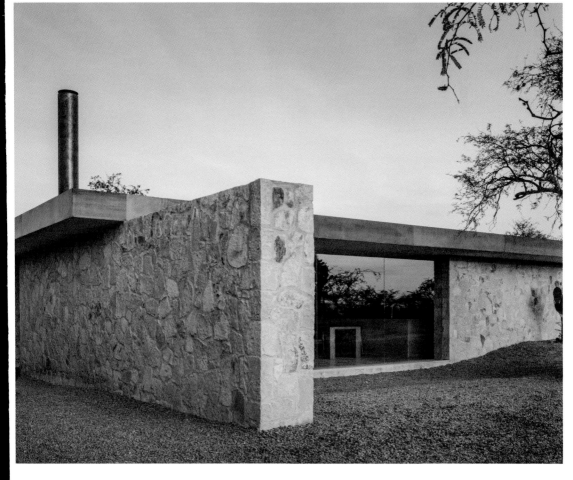

VIRGIN VINEYARD HOUSE
LAMAS Architecture Ltd

Location Toronto, Canada **Photographs** © Felix Michaud **Website** www.lamas.us

Situated between an old logging road and a working hillside vineyard, the Virgin Vineyard House derives its name from a farm whose ruins once stood above the site. The client was interested in building a new residence on the land, with minimal disturbance to the vineyard, that would capture views overlooking Lake Massawippi in Quebec's Eastern Townships. The new building will house the client and provide the ability for her to age in place, as well as to accommodate her daughter's growing family.

The design of the project draws inspiration from the prevalence of fieldstone walls in the local agricultural landscape. Gathered stones start as a landscape feature separating the house from the road, ultimately comprising the north wall of the building. The architectural element is but a secondary feature clipped on to this stone wall, sheltering the living spaces from the road, the northerly winds, and discreetly tucking them into the hillside. The length of the wall enacts the sequence throughout the house, punctuated as it is by compositional events of window, chimney, entry, and courtyard. The south side of this long linear residence is open to lake and vineyard views under a large protective overhang.

This 155' long house conveniently organizes the private bedrooms at either end, while the central gathering spaces convene in the middle of the linear house. The walls dividing each room are purposefully rotated for views facing the lake. This simple geometrical twist creates an oblique relationship between the rooms and the roof ridge line, making the rooms feel like private sheds, each with its unique volume directed towards the lake. In plan, the rooms are arranged in a sawtooth formation, creating recesses of semi private spaces under the large roof overhang to contemplate the view. Within this seemingly simple building are two large voids, one being a courtyard framing the angle of the logging road, and the other a roof deck overlooking the entirety of the vineyard.

Situada entre un antiguo camino forestal y un viñedo en explotación en la ladera de una colina, la casa Virgin Vineyard House debe su nombre a una granja cuyas ruinas se alzaron una vez donde se levanta la nueva vivienda. El cliente estaba interesado en construir una nueva propiedad en el terreno, con una mínima alteración del viñedo, que tuviera vistas al lago Massawippi, en los municipios orientales de Quebec. El cliente podrá vivir en el nuevo edificio para toda la vida y recibir a la creciente familia de su hija.

El diseño del proyecto se inspira en el predominio de los muros de piedra de campo en el paisaje agrícola local. Las piedras reunidas comienzan como una característica del paisaje que separa la casa del camino, y finalmente constituyen el muro norte del edificio. El elemento arquitectónico no es más que un elemento secundario adosado a este muro de piedra, que protege los espacios habitables de la carretera y de los vientos del norte, y los oculta discretamente en la ladera. La longitud del muro representa la secuencia de toda la casa, marcada por los elementos compositivos de la ventana, la chimenea, la entrada y el patio. El lado sur de esta larga vivienda lineal ofrece vistas al lago y a los viñedos bajo un gran voladizo protector.

Esta casa, de unos 47,2 m2 de largo, distribuye las habitaciones privadas en cada extremo, mientras que las zonas comunes se reúnen en el centro de la casa lineal. Las paredes que dividen cada habitación se giran de forma intencionada para ofrecer vistas al lago. Este sencillo giro geométrico crea una relación oblicua entre las habitaciones y la línea cumbrera del tejado, de modo que las habitaciones parecen cobertizos privados, cada uno con su propio volumen orientado hacia el lago. En el plan, las habitaciones se distribuyen en forma de diente de sierra, lo que crea huecos de espacios semiprivados bajo el gran voladizo del tejado para contemplar las vistas. Dentro de este edificio aparentemente simple hay dos grandes vacíos, uno es un patio que enmarca el ángulo del camino forestal, y el otro una azotea con vistas a todo el viñedo.

Project Team Vivian Lee (Architect), James Macgillivray (Architect), Andrea Rodriguez Fos (Project Manager) **Interior Design** LAMAS Architecture Ltd **Landscape** Paysage Lambert and Oscar Hache **Structural & Civil Engineer** Eric St George Structures et Civile **Mechanical Engineer** Genecor **Contractor** Construction Yves Lessard **Millwork** Ebénisterie Renova

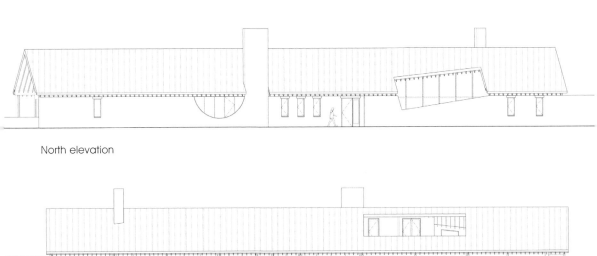

North elevation

South elevation

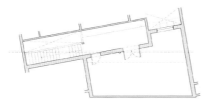

First floor

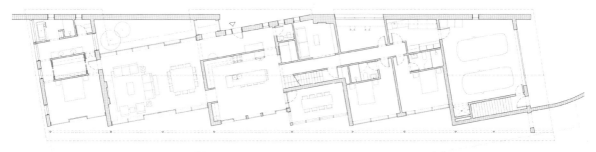

Ground floor

Wood construction was of interest in order to keep the embodied energy and carbon footprint down, but also to allow for a well-insulated envelope. Beyond the environmental aspect, the lumber, hemlock cladding, stone, and even the high performance glazing systems were all locally procured in Quebec. Even the geothermal ground source heating was not just a "de rigeur" systems choice, but rather a particularly advantageous element in Quebec, where plentiful carbon-free municipal electricity can power the heat pumps. Foremost in the architects' minds was this connection to the location through materials and craft, as well as traditional forms of Quebec architecture. The owner is currently working with a local horticulturalist to plant indigenous flora to support the natural habitat of the site.

La construcción en madera era interesante para contener la energía incorporada y la huella de carbono, pero también para conseguir una envolvente bien aislada. Más allá del aspecto medioambiental, la madera, el revestimiento de cicuta, la piedra e incluso los sistemas de acristalamiento de alto rendimiento se adquirieron a nivel local en Quebec. Incluso la calefacción geotérmica por suelo radiante no fue una elección "de rigor", sino un elemento particularmente favorable en Quebec, donde la abundante electricidad municipal sin carbono puede alimentar las bombas de calor. Los arquitectos tuvieron muy presente la unión con el lugar mediante los materiales y la artesanía, así como las formas tradicionales de la arquitectura quebequesa. El propietario colabora actualmente con un horticultor local para plantar flora autóctona que favorezca el hábitat natural del lugar.

The building is meant to elucidate a relationship between a stone wall and wood tectonics. Aside from the heavily insulated stone wall on the north side, the majority of the construction materials are wood. For the main part of the house, this refers to light wood framing, either with studs, engineered lumber, or deep joists. On the south facade, however, wood is employed structurally in the mullions of the wood glazing system, a highly performative envelope with triple glazing throughout.

El edificio pretende dilucidar la relación entre un muro de piedra y la tectónica de la madera. Aparte del muro de piedra aislado del lado norte, la mayoría de los materiales de construcción son de madera. Para la parte principal de la casa, se ha utilizado un entramado ligero de madera, ya sea con montantes, madera de ingeniería o viguetas profundas. En la fachada sur, sin embargo, la madera se emplea estructuralmente en los montantes del sistema de acristalamiento, una envolvente muy funcional con triple acristalamiento.

FOREST HOUSE I

Natalie Dionne Architecture

Location Bolton-Est, Eastern Townships, QC, Canada **Photographs** © Raphaël Thibodeau
Website www.ndarchitecture.net/

Forest House I is the latest work by Montréal-based studio, Natalie Dionne Architecture. The firm has earned widespread praise over the years for its contextual approach, its creativity, and its attention to detail. Forest House I adds to a rich portfolio of original, residential homes, equal parts urban and rural.

The three-acre site, located in the Eastern Townships, is roughly 100 kilometers southeast of Montreal. Greatly valued by city dwellers for its natural beauty and relative proximity to urban life, the area has now become a choice spot for those willing and able to work from home. The clients, a professional couple, had long cherished the dream of building themselves a home in the heart of nature.

Discreetly inserted onto an outcrop of the Canadian shield, surrounded by mature hemlock and deciduous trees, the home is meant to pay tribute to the living forest. Wood dominates a restrained palette of materials, both inside and outside. The prematurely aged plank cladding, exposed framework, and various other interior finishes showcase all the richness of the natural material.

In communion:
Born of a client's desire to reconnect with the natural environment, Forest House I, attempts to distill the essence of a place by folding the landscape into every nook and cranny of the home. It is the first in a series of similarly themed homes presently being developed by the team at Natalie Dionne Architecture. The Forest Home series reflect the architect's growing desire to promote the ecological use of renewable materials.

Forest House I es la última obra del estudio Natalie Dionne Architecture de Montreal. A lo largo de los años, el estudio ha ganado reconocimiento por el enfoque contextual, la creatividad y la atención al detalle. Forest House I se suma a una amplia cartera de originales viviendas residenciales, urbanas y rurales a partes iguales.

El sitio de 12.140 m², ubicado en Eastern Townships, está aproximadamente a 100 kilómetros al sureste de Montreal. Los habitantes de las ciudades valoran la zona por su belleza natural y su relativa cercanía a la vida urbana, y ahora se ha convertido en un lugar privilegiado para quienes desean y pueden trabajar desde casa. Los clientes, una pareja de profesionales, llevaban mucho tiempo persiguiendo el sueño de construirse una casa en plena naturaleza.

Situada de manera discreta en un afloramiento del escudo canadiense, rodeada de cicutas maduras y árboles de hoja caduca, la casa pretende rendir homenaje al vivo bosque. La madera domina una paleta de materiales sobria, tanto en el interior como en el exterior. El revestimiento de tablones envejecidos antes de tiempo, el marco expuesto y otros acabados interiores muestran toda la riqueza del material natural.

En comunión:
Gracias al deseo de un cliente de reconectar con la naturaleza, la casa Forest House I intenta sintetizar la esencia de un lugar mimetizándose con el paisaje en cada rincón de la casa. Es la primera de una serie de casas de temática similar de la que se encarga el equipo de Natalie Dionne Architecture. La serie Forest Home refleja el interés de la arquitecta en promover el uso ecológico de materiales renovables.

Materials and color palette:
Wood is everywhere present in this 215 sq m home, which strives towards symbiosis with the surrounding environment. The exposed roof structure is made of engineered wood produced from Northern Québec black spruce. Particular attention was paid to the design and detailing of these structural elements supporting the roof's regular grid. The façades, clad in eastern white cedar, were pretreated with a product accelerating the greying process, so as to blend into the landscape like a chameleon sunning itself on a rock, and to keep future maintenance to a minimum.

Solid maple was used for the kitchen islands, the vanities the stairs, and the catwalk whereas Russian plywood was used throughout for the rest of the built-in cabinetry. The bright palette chosen by the architects for the interiors contrasts sharply with the, at times, dark forest around the house. Polished concrete floors, gypsum walls, and the natural aluminum windows blend harmoniously with the wood and help brighten the abundant natural light.

Below deck, the foundation was insulated from without in order to preserve the rough concrete within, a reminder of the rock that now shores up the edge of the precipice. The exposed concrete blends in perfectly with the outcrops of stone seen just beyond the windows. Such is the nature of shelter and place.

Materiales y paleta de colores:
La madera está presente en todos los rincones de esta casa de 215 m2, que trata de buscar la simbiosis con el entorno. La estructura descubierta del tejado es de madera de ingeniería obtenida a partir de abeto negro del norte de Quebec. Se prestó especial atención al diseño y a los detalles de estos elementos estructurales que sostienen la retícula regular del tejado. Las fachadas, revestidas de cedro blanco oriental, se pretrataron con un producto que acelera el proceso de agrisamiento, para que se integren en el paisaje como un camaleón que toma el sol en una roca, y para reducir al mínimo el mantenimiento posterior.

Se utilizó arce macizo para las islas de la cocina, los tocadores, las escaleras y la pasarela, mientras que para los armarios empotrados se empleó madera contrachapada rusa. La paleta luminosa de colores que eligieron los arquitectos para los interiores contrasta de manera notable con el, a veces, oscuro bosque que rodea la casa. Los suelos de hormigón pulido, las paredes de yeso y las ventanas de aluminio natural combinan a la perfección con la madera y ayudan a potenciar la abundante luz natural.

Bajo la cubierta, los cimientos se aislaron desde el exterior para preservar el hormigón rugoso del interior, un recordatorio de la roca que ahora apuntala el borde del precipicio. El hormigón a la vista combina perfectamente con los afloramientos de piedra que se dejan ver más allá de las ventanas; tal es la naturaleza del refugio y el lugar.

Strategic implantation:

A natural cleft in the existing topography, suboptimal orientation, and the presence of numerous rocky outcrops presented a major challenge for both clients and architects. During a careful and thorough 'walking of the site,' a particularly impractical rock formation near a precipice caught their eye and provided inspiration and insight as to how to place the home. Standing on top of the 3m tall rock, all parties agreed that, in order to get the most out of available light and views, the living quarters, set parallel to the ridge, had to be jacked up to this level and reach out across and over the bowl in order to make a soft landing on the rocky outcrop to the north where the best light was to be found. An elevated structure, on a minimalist footprint, prioritizing a low impact intervention to the existing terrain, was also understood to have the added benefit of creating a dramatic approach to the home by emphasizing, and assuring the persistence of, the magnificent vista that lay beyond the precipice.

The architectural program:

The main floor, the heart of the project (anchored at one end, atop a base where a lonely rock once stood) hovers over the rocky cleft and projects a vast, outdoor, partially covered terrace towards a moss-covered escarpment to the north. From this exterior perch, dedicated to relaxation and outdoor living with its embedded spa and leisure furniture, one passes to the fluid interior spaces of the kitchen, dining room, living room, and the couple's bedroom suite at the southern end of this linear building. The staircase and foyer, which communicates with the home's main entrance hall at ground level, are inserted between the living room and the bedroom. Adjacent to the entrance hall, we find, a bunkroom, capable of accommodating up to 10 guests.

The sitting area, glazed floor to ceiling on both sides, is bathed in natural light. To the east, a dramatic incline exposes a spectacular view of the forest canopy. Several alcoves, projecting out from the façades, grant extra space to the kitchen, dining area, and master bathroom and provide additional views and sunlight to penetrate from the south.

The master suite, the only private space on the main level, features full-height windows as well. One of these was placed along the main circulation axis, directly in front of an outcrop. The effect is one of total transparency from one end of the house to the other. On the west side, the carefully designed bathroom features a perfect spot for contemplation with its bathtub inserted in a glassed-in corner alcove.

Implantación estratégica:

Una hendidura natural en la topografía existente, una orientación subóptima y la presencia de numerosos afloramientos rocosos supusieron un gran reto tanto para los clientes como para los arquitectos. Durante un detenido y minucioso "paseo por el lugar", una formación rocosa particularmente poco práctica cerca de un precipicio les llamó la atención y les sirvió de inspiración y perspicacia para ubicar la casa. De pie sobre la roca de 3 m de altura, todas las partes acordaron que, para aprovechar al máximo la luz y las vistas de la zona, la vivienda, ubicada en paralelo a la cresta de la roca, debía elevarse hasta ese nivel y atravesar la cuenca para asentarse suavemente sobre el afloramiento rocoso del norte, donde se gozaba de la mejor luz. También se acordó que una estructura elevada, en una huella minimalista y que priorizaba una intervención de bajo impacto en el terreno existente, tuviera también la ventaja adicional de crear un enfoque dramático de la casa. De esta forma se enfatiza y se asegura la permanencia de la magnífica vista que se aprecia más allá del precipicio.

El programa arquitectónico:

La planta principal, el corazón del proyecto (anclada en un extremo sobre una base donde antaño se erguía una roca solitaria) se cierne sobre la hendidura rocosa y proyecta una amplia terraza exterior semicubierta hacia un escarpe cubierto de musgo hacia el norte. Desde esta posición elevada, destinada a la relajación y a la vida al aire libre con un spa y mobiliario de ocio, se pasa a los variables espacios interiores de la cocina, el comedor, la sala de estar y el dormitorio de la pareja en el extremo sur de este edificio lineal. La escalera y el vestíbulo, que comunican con el recibidor de la entrada principal de la casa a nivel del suelo, se encuentran entre la sala de estar y el dormitorio. Contiguo al vestíbulo, encontramos un dormitorio con literas, con capacidad para alojar hasta 10 invitados.

La sala de estar, acristalada de suelo a techo por ambos lados, está inmersa en la luz natural. Al este, una espectacular pendiente ofrece una vista espectacular del bosque. Varios huecos, que sobresalen de las fachadas, ofrecen más espacio a la cocina, el comedor y el cuarto de baño principal, además de vistas y luz solar adicionales provenientes del sur.

La suite principal, el único espacio privado de la planta principal, también tiene ventanas de suelo a techo. Una de ellas se colocó a lo largo del eje principal de circulación, directamente frente a un afloramiento rocoso. El efecto que se crea es de total transparencia de un extremo a otro de la casa. En el lado oeste, el cuarto de baño, diseñado al detalle, ofrece un lugar perfecto para la contemplación con su bañera integrada en un hueco esquinero acristalado.

FOLLY CABINS
Malek Alqadi

Location Joshua Tree, California, United States **Photographs** © Sam Frost Photography **Website** www.malekalqadi.com

Folly is an off-grid small construction that addresses the importance of integrating architecture within its environment and the relevance of sustainable development. It brings a big experience and allows for disengagement from the norm and the expected while bringing an element of modern aesthetic and technological innovation. Folly allows for inclusive experiences such as work retreats, social groups, or intimate events. Utilizing architecture as a medium, these spaces will provide moments of disconnect in which guests can experience a creative escape.

In keeping with an off-grid style, home automation technology allows guests to monitor energy consumption and solar production, control secured entry, lighting, solar-powered skylights, and manage cooling and heating.

A stargazing bedroom with no ceiling, a shower with expansive views and an energy-producing solar tree is the exploitation of nature through a respectful approach.

Attic spaces provide additional sleeping areas, secluded and cozy spaces, under the tent-like roof of a cabin.

Folly es una pequeña construcción fuera de la red que enfatiza la importancia de integrar la arquitectura en su entorno y la relevancia del desarrollo sostenible. Ofrece una experiencia única que permite desconectarse de lo convencional y lo esperado, al mismo tiempo que aporta un elemento de innovación estética y tecnológica moderna. Folly posibilita experiencias inclusivas, como retiros de trabajo, reuniones sociales o eventos íntimos. Utilizando la arquitectura como medio, estos espacios brindarán momentos de desconexión en los que los huéspedes podrán experimentar una escapada creativa.

Siguiendo un estilo fuera de la red, la tecnología de automatización del hogar permite a los huéspedes monitorear el consumo de energía y la producción solar, controlar el acceso seguro, la iluminación, los tragaluces que funcionan con energía solar y gestionar la refrigeración y la calefacción.

Un dormitorio al aire libre para contemplar las estrellas, una ducha con amplias vistas y un árbol solar que produce energía son ejemplos de cómo se aprovecha la naturaleza a través de un enfoque respetuoso. Las duchas exteriores y los jacuzzis no solo ofrecen funcionalidad, sino también relajación y puro disfrute.

Los espacios del ático proporcionan áreas adicionales para dormir, rincones acogedores y apartados bajo el techo tipo tienda de campaña de una cabaña.

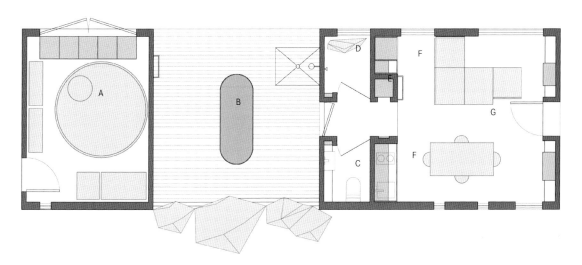

Lower floor plan

Outdoor showers and hot tubs are not only about functionality but also about relaxation and pure enjoyment.

Secluded outdoor spaces extend the season for outdoor enjoyment, protected from the harsh sunlight, heat and strong winds while enjoying the views.

Las duchas exteriores y los jacuzzis no solo ofrecen funcionalidad, sino también relajación y puro disfrute.

Los espacios exteriores apartados extienden la temporada para disfrutar al aire libre, protegiendo de la intensa luz del sol, el calor y los fuertes vientos, al tiempo que se disfrutan de las vistas.

A. Equipment room and storage
B. Soaking tub
C. Water closet
D. Shower
E. Closet
F. Kitchen wall
G. Main space
H. Outdoor stargazing suite
I. Indoor suite
J. Open to below

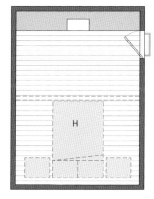

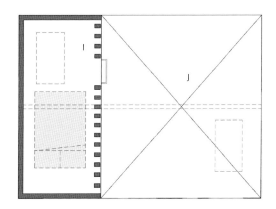

Upper floor plan

OWL CREEK
Skylab Architecture

Location Snowmass, CO, USA **Photographs** © Jeremy Bittermann © Robert Reck © Stephen Miller
Website www.skylabarchitecture.com

Built on the idea that a physical place can deepen the connection between friends, families and the natural world.

Perched on the hillside, with panoramic views of Snowmass Mountain, the Owl Creek Residence was built on the idea that a physical place can deepen the connections between friends, families and the natural world. Initial site challenges and slope constraints were solved by anchoring the structures directly into the landforms.

At Owl Creek a single shared, stand-alone home was built for two families. Additionally, a collection of lodge-like communal areas are clustered together, creating a space that is both intimate and open.

Natural light was a constant consideration, with every effort made to minimize visual separation from the outdoors. This all-weather mountain retreat is designed for recharging social relationships and renewing connections to the rugged Rocky Mountain landscape.

Se construyó sobre la idea de que un lugar físico puede reforzar la relación entre amigos, familias y la naturaleza.

Instalada en la ladera, con vistas panorámicas de la montaña Snowmass, la casa Owl Creek Residence se construyó sobre la idea de que un lugar físico puede reforzar la relación entre amigos, familias y la naturaleza. Los problemas iniciales del emplazamiento y las limitaciones de la pendiente se resolvieron anclando las estructuras directamente al terreno.

En Owl Creek se construyó una casa independiente para dos familias. Además, varias zonas comunes tipo cabaña se agrupan para crear un espacio íntimo y abierto a la vez.

La luz natural fue un aspecto fundamental, y se hizo todo lo posible para minimizar la separación visual con el exterior. Este refugio en la montaña, preparado para todo tipo de clima, está diseñado para reforzar las relaciones sociales y renovar los vínculos con el paisaje escarpado de las Montañas Rocosas.

Contractor Ridge Runner Construction Co. INC **Collaborators** Mountain Design Group, Artifex Landscape Architecture, Lighting Workshop, Ambient Automation, Studio Lambiotte Interior Design Furnishings

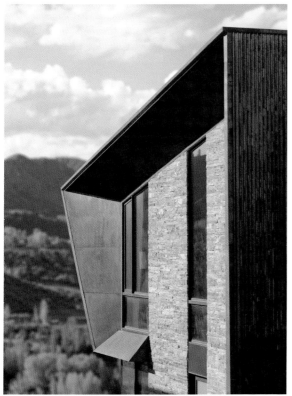

ARCHED RESIDENCIES IN SANTORINI ISLAND

Iraisynn Attinom Studio

Location Oia, Santorini island, Greece **Photographs** © Iraisynn Attinom **Architect** Maggie Gkika
Website www.iraisynn.attinom.net

Four autonomous summer houses were designed by architectural studio, iraisynn attinom, for a rocky plot in the area of Oia, on the island of Thira (Santorini) in Greece.

Santorini is an island in the southern Aegean sea. It is the largest island of a small, circular archipelago, and it is the remnant of a volcanic caldera.

Design principles:
The main objectives of the design are the protection from the northwest winds, the view towards the sea and the Mediterranean volcanic landscape, and the accomplishment of privacy among residents. The rocky plot faces north and is exposed to strong northwest winds that dominate the area. The goal of the design was, through the division of the main building volume into smaller ones, to create a number of outdoor spaces protected from the winds, but presenting views to the sea and the cycladic landscape. The cubical houses follow the slope of the plot, creating a settlement resembling traditional ones located in the countryside of the island. The complex consists of 8 monolithic volumes of rectangular shape with arched ceilings, private yards, swimming pools, and semi open spaces. The residential unit consists of two main volumes, one housing the living room and the kitchen, and the other housing one master bedroom, a bathroom, and a secondary bedroom on the upper floor.

El estudio de arquitectura Iraisynn Attinom diseñó cuatro casas de verano autónomas para un terreno rocoso de la zona de Oia, en la isla de Thira (Santorini), en Grecia.

Santorini es una isla del sur del mar Egeo. Es la isla más grande de un pequeño archipiélago circular y es el vestigio de una caldera volcánica.

Principios de diseño:
Los objetivos principales del proyecto son proteger a la vivienda de los vientos del noroeste, ofrecer vistas al mar y al paisaje volcánico mediterráneo y garantizar la intimidad de los residentes. La parcela rocosa está orientada al norte y expuesta a los fuertes vientos del noroeste que dominan la zona. El objetivo del diseño era, mediante la división del volumen principal del edificio en otros más pequeños, crear una serie de espacios exteriores resguardados de los vientos, pero con vistas al mar y a las Cícladas. Las casas cúbicas siguen la pendiente de la parcela, creando un asentamiento que se asemeja a los tradicionales situados en el campo de la isla. El complejo consta de 8 volúmenes monolíticos de forma rectangular con techos arqueados, patios privados, piscinas y espacios semiabiertos. La unidad residencial consta de dos volúmenes principales, uno que incluye la sala de estar y la cocina, y otro con un dormitorio principal, un cuarto de baño y un dormitorio secundario en la planta superior.

Cg artist Klavdios Sklivanitis **Civil Engineers** Efi Gyftaki

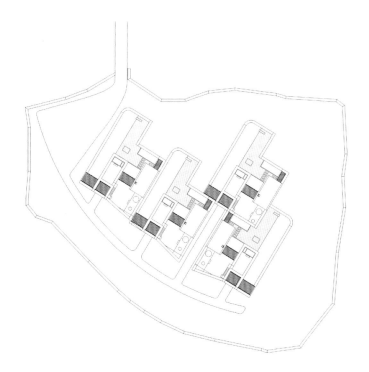

Site plan

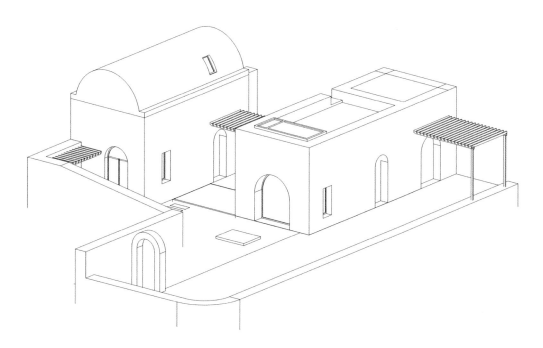

Elevation

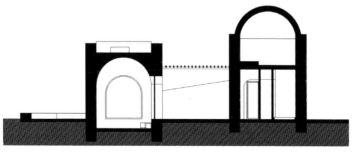

Elevation

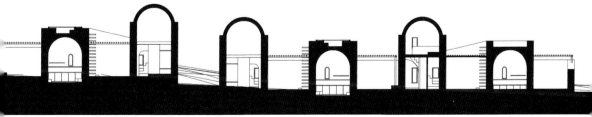

Elevation

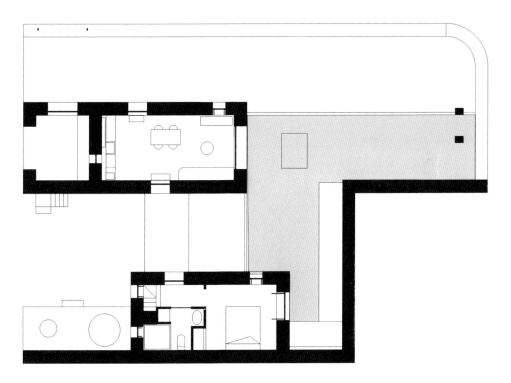

Floor plan

Construction – sustainability:
Another important objective of the design proposal is the sustainability of the construction. The structure is made from local stone masonry and arched ceilings. The goal is to use as many building materials of local origin as possible. The thick stone exterior walls of the buildings have a large heat capacity. For the wall covering, an ecological natural plaster, "Kourasani", discovered in ancient Greece, is proposed in light shades. The off-white color reflects solar radiation and prevents the overheating of the building. The "kourasani" plaster contains two ingredients: processed Santorini volcanic ash (Terra Pozzuolana) and Ceramic / natural stone powder, both known for their excellent hydraulic properties.

The main openings are placed on the east facade of the building. To the north, small openings contribute to the cooling of the houses during the hot months of the year. In the highest position, in the attic, a skylight is placed (element of local architecture), which facilitates the evacuation of hot air concentrated on the upper floor during summer nights. Additionally, wooden and reed pergolas and vegetation, such as climbing plants and trees, are used for shading.

The dense structure of this new settlement of diverse volumes, enclosed courtyards, shaded passages, pergolas, etc. creates a cool microclimate for the inhabitants.

The orientation based on summer winds, as well as water pools that accompany the cubical houses, contribute to the natural ventilation and cooling of the housing complex.

Terraces contribute to the collection and storage of rainwater, an issue of major importance in areas with water scarcity such as the Cyclades. In the rest area of the plot, local low-height Mediterranean vegetation, as well as some palm trees, will be planted.

Construcción - sostenibilidad:
Otro de los objetivos importantes de la propuesta de diseño es la sostenibilidad de la construcción. La estructura está hecha con mampostería de piedra local y techos abovedados. El objetivo es utilizar el mayor número posible de materiales de construcción locales. Los gruesos muros exteriores de piedra de los edificios tienen una gran capacidad calorífica. Para el revestimiento de las paredes se propone un enlucido natural ecológico llamado "kourasani", descubierto en la antigua Grecia, de tonos claros. Su color blanquecino refleja la radiación solar y evita el sobrecalentamiento del edificio. El enlucido "kourasani" contiene dos ingredientes: ceniza volcánica de Santorini procesada (Terra Pozzuolana) y cerámica o piedra natural en polvo, ambos conocidos por sus excelentes propiedades hidráulicas.

Las ventanas principales se sitúan en la fachada este del edificio. Al norte, unas pequeñas ventanas ayudan a refrescar las viviendas durante los meses calurosos del año. En la posición más alta, en el ático, se coloca un tragaluz (elemento de la arquitectura local), que facilita la ventilación del aire caliente concentrado en el piso superior durante las noches de verano. Además, se utilizan pérgolas de madera y cañizo, y vegetación para dar sombra, como plantas trepadoras y árboles.

La densa estructura de este nuevo asentamiento de volúmenes variados, patios cerrados, pasajes sombríos, pérgolas, etc. crea un microclima fresco para los habitantes.

La orientación según los vientos estivales y los estanques de agua que acompañan a las casas cúbicas contribuyen a la ventilación y refrigeración naturales del complejo de viviendas.

Las terrazas sirven para recoger y almacenar el agua de la lluvia, un aspecto muy importante en zonas con escasez de agua como las Cícladas. En la zona de descanso de la parcela se plantará vegetación mediterránea local de poca altura, así como algunas palmeras.

EL REFUGIO

Álvaro Sánchez de Miguel

Location Cuatro Calzadas, Salamanca, Spain **Photographs** © Álvaro Sanchez de Miguel Maggie Gkika
Website www.iraisynn.attinom.net

"El Refugio" was conceived in response to new lifestyle trends and alternative housing as a project increasingly in demand. The project has been adapted to the new context of a new generation of inhabitants in society today, in which people are seeking simpler, more realistic alternatives to living in mortgage-laden micro-spaces (common in Spanish cities) in a big metropolis, surrounded by concrete and controversial gentrification.

The goal was to create an elegant, efficient, trendy, and contemporary home adorned in noble materials, while at the same time ensuring that it is sustainable, budget-conscious, and surrounded by unlimited green space and nature.

El Refugio "offers refuge" to a new generation of globally and digitally interconnected citizens of the world who are open to new ways of life. The minimalist single-family project is set in the natural environs of Cuatro Calzadas (Buenavista, Salamanca, Spain), in an area encompassing 84 inhabitants with reasonable budgets. For many, the program removes existing barriers to accessing nice homes. In keeping with the essence of the project, construction materials from the Sierra de Salamanca and the municipality itself, including steel, ceramics, and local wood have been used. Construction methods and furniture, designed on-site, also embrace the essence of the project by helping to support the local economy in an area with a low population density.

El Refugio se creó en respuesta a las nuevas tendencias de estilo de vida y a la vivienda alternativa como proyecto cada vez más demandado. El proyecto se ha adaptado al nuevo contexto de una nueva generación de habitantes en la sociedad actual, en la que la gente busca alternativas más sencillas y realistas antes que vivir en microespacios que suponen grandes hipotecas (habituales en las ciudades españolas) y en una gran metrópolis, rodeados de hormigón y de una controvertida gentrificación.

El objetivo era diseñar una casa elegante, eficiente, moderna y contemporánea, revestida de materiales nobles y, al mismo tiempo, sostenible, con un presupuesto ajustado y rodeada de espacios verdes y naturaleza infinita.

El Refugio "ofrece refugio" a una nueva generación de ciudadanos del mundo interconectados global y digitalmente, y abiertos a nuevas formas de vida. El proyecto unifamiliar minimalista está ubicado en el entorno natural de Cuatro Calzadas (Buenavista, Salamanca, España), en una zona de 84 habitantes, con presupuestos razonables. Para muchos, el programa rompe las barreras del acceso a una vivienda digna. En consonancia con la esencia del proyecto, se han utilizado materiales de construcción de la sierra de Salamanca y del propio municipio, como acero, cerámica y madera. Los métodos de construcción y el mobiliario, diseñados allí, también recogen la esencia del proyecto, ya que apoyan a la economía local en una zona con baja densidad de población.

Team Adela e Iván architects **Materials** Ceramic, steel, sand and local wood **Size** 60,55 sq meters + 40,40 sq meters

THE HUT
Midland Architecture

Location Belmont County, Ohio, United States **Photographs** © Lexi Ribar **Website** www.midlandarch.com

The project site has a working cattle farm, which the family purchased in 1981. It was originally part of a strip mine, and through their stewardship, has been reclaimed by forest, grasslands, and lakes. The Hut sits amongst trees, atop a high bank overlooking a lake. Its design was inspired by the Scandinavian concept of hygge, which can be described as a feeling of cozy contentment and wellbeing through the enjoyment of simple things in life. A build team comprised of family and friends constructed the cabin. Heavily influenced by aspects of farming, they used building techniques born out of tradition and logic, with simple materials used economically.

Responding to the principles of sustainability, the cabin sits on a simple foundation of concrete piers to minimize its environmental impact. It runs off solar power and collected rainwater, satisfying the desire for an off-grid retreat.

Country and crafts styles among others are generally the most suitable styles for cottage and cabin interiors in keeping with an organic architecture that engages with a natural setting.

The overall design for the retreat demonstrates an emphasis on craft, in a style that the builders of The Hut like to call Country minimalism.

Designed for peace of mind, the outside setting is brought in through a wide expanse of floor-to-ceiling windows. The simple interiors feature bleached Eastern pine floors and white painted wall paneling. The pared-back aesthetic allows the outside landscape to be ever more present in the interior.

Contemporary and cozy can coexist. Combine clean lines with organic elements to achieve an atmosphere that is unpretentious yet elegant and attuned to nature.

El entorno del proyecto incluye una granja ganadera en funcionamiento, que la familia compró en 1981. Originalmente era parte de una mina exterior, y a través de su administración, ha sido regenerada como bosque, pradera y lagos. La cabaña se asienta entre los árboles, en lo alto de una alta orilla con vistas a un lago. Su diseño se inspira en el concepto escandinavo, que puede describirse como un sentimiento de satisfacción y bienestar acogedor a través del disfrute de las cosas sencillas de la vida. Un equipo de construcción compuesto por familiares y amigos construyó la cabaña. Fuertemente influenciados por aspectos de la agricultura, utilizaron técnicas de construcción nacidas de la tradición y la lógica, con materiales sencillos y económicos.

Respondiendo a los principios de sostenibilidad, la cabaña se asienta sobre una sencilla base de pilares de hormigón para minimizar su impacto ambiental. Recoge agua de lluvia, satisfaciendo el deseo de un retiro off-grid.

Los estilos rústicos y artesanales, entre otros, son generalmente los más adecuados para interiores de casas de campo y cabañas, en consonancia con una arquitectura orgánica que se adapta a un entorno natural.

El diseño general del retiro demuestra un énfasis en la artesanía, en un estilo que los constructores de The Hut llaman "minimalismo country".

Diseñado para su tranquilidad, el entorno exterior se introduce a través de una amplia extensión de ventanas colocadas de suelo a techo. Los sencillos interiores presentan suelos de pino oriental blanqueado y paneles de pared pintados de blanco. La estética de la pared trasera permite que el paisaje exterior esté cada vez más presente. Lo contemporáneo y lo acogedor pueden coexistir.

Combina líneas limpias con elementos orgánicos para lograr una atmósfera sin pretensiones pero elegante y en sintonía con la naturaleza.

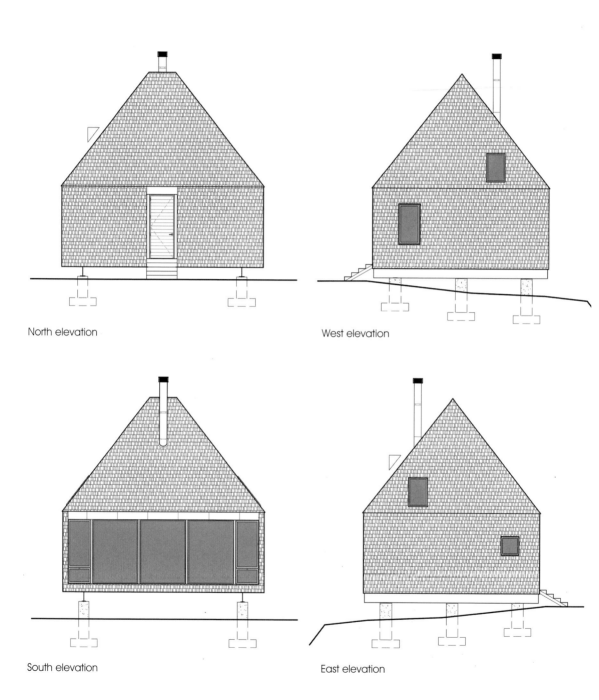

North elevation

West elevation

South elevation

East elevation

WABI-SABI RESIDENCE

Sparano + Mooney Architecture

Location Salt Lake City, United States **Photographs** © Matt Winquist, © Lucy Call
Website www.sparanomooney.com

As one of Utah's leading design practices, Sparano + Mooney Architecture is sought after for its limitless exploration and deep commitment to the creative process, which has resulted in thoughtfully-innovative and award-winning contemporary design solutions throughout the American West. For founders Anne Mooney, FAIA, and John Sparano, FAIA, a shared passion for designing within the rugged western landscape has resulted in works across extreme topographies and multiple sectors, as well as at multiple scales, most notably landmark designs for arts and cultural facilities and stunning, sophisticated residential commissions.

Located in Emigration Canyon above Salt Lake City, the Wabi-Sabi residence, designed for a young family, celebrates a unique elevated canyon view with a rare and direct connection to nature. The design was conceived as an expression of both static and dynamic elements, referencing the relationships among the mountain, vegetation, and wildlife found on the site. The term 'wabi-sabi' is an ancient, philosophical tenet of Japanese aesthetic culture that embraces the imperfect, incomplete, and transient. It espouses simplicity and honesty in expression, those modest things in our world that convey beauty as they weather and age.

Due to the siting of the home, the homeowners enjoy the mountain vista from a uniquely-framed perspective, which enhances the indoor/outdoor relationship shared between the viewer and the dwelling. The home is separated into two cantilevered volumes that float above the landscape and are finished with a blackened stain. The north volume is oriented along an east-west axis to address the tranquil mountain views to the north and includes the home's private, domestic functions. The southwest volume includes the more public, active gathering spaces and is oriented along the canyon axis toward dramatic views of the natural and urban landscapes.

Como uno de los principales estudios de diseño de Utah, Sparano + Mooney Architecture es demandado por su exploración ilimitada y su profundo compromiso con el proceso creativo, que ha dado lugar a soluciones de diseño contemporáneo innovadoras y galardonadas en todo el oeste americano. Para los fundadores Anne Mooney, FAIA (miembro del Instituto Americano de Arquitectos), y John Sparano, FAIA, la pasión que comparten por diseñar en el agreste paisaje occidental se ha traducido en obras que abarcan topografías extremas y múltiples sectores, así como a múltiples escalas, entre las que destacan diseños emblemáticos para instalaciones artísticas y culturales e impresionantes y sofisticados trabajos residenciales.

Situada en Emigration Canyon, sobre Salt Lake City, la vivienda Wabi-Sabi, diseñada para una familia joven, celebra una vista elevada única del cañón con una conexión poco frecuente y directa con la naturaleza. El diseño se planteó como una expresión de elementos estáticos y dinámicos que hacen alusión a las relaciones entre la montaña, la vegetación y la fauna del lugar. El término "wabi-sabi" es un antiguo principio filosófico de la cultura estética japonesa que acepta lo imperfecto, lo incompleto y lo pasajero. Además, defiende la sencillez y la honestidad en la expresión, esas cosas humildes de nuestro mundo que transmiten belleza a medida que envejecen.

Debido a la ubicación de la casa, los propietarios disfrutan de las vistas de la montaña desde una perspectiva encuadrada única, que realza la relación interior/exterior compartida entre el espectador y la vivienda. La casa está dividida en dos volúmenes en voladizo que flotan sobre el paisaje y están acabados con un tinte ennegrecido. El volumen norte está orientado según un eje este-oeste para contemplar las apacibles vistas de las montañas del norte e incluye las zonas privadas y domésticas de la casa. El volumen suroeste incluye los lugares de encuentro más públicos y concurrentes y está orientado a lo largo del eje del cañón hacia las espectaculares vistas de los paisajes naturales y urbanos.

Team Adela e Iván architects **Materials** Ceramic, steel, sand and local wood **Size** 60,55 sq meters + 40,40 sq meters

The exterior is clad with full-height, vertical cedar boards, which were sorted on-site. Construction waste was minimized through a preconceived modular, expressed in modest material selections. The overall height of the volumes was established based on the standard length of FSC-certified Western Red Cedar Select, a strategy that required less cutting and waste of the material. In addition, the large-format tile finish was established in a stack bond pattern that extends the full width of the corridors and patio, therefore maximizing coverage. This considered approach to materials extends to the selection of interior elements, fixtures, and furnishings.

El exterior está revestido con tablas verticales de cedro hasta la máxima altura, que se eligieron allí mismo. Los residuos de la construcción se redujeron al mínimo mediante un módulo preconcebido, que se expresa mediante una sencilla selección de materiales. La altura total de los volúmenes se fijó a partir de la longitud estándar del selecto cedro rojo occidental con certificación FSC, una estrategia que requirió menos cortes y residuos del material. Además, el acabado de baldosas de gran formato se hizo con un patrón de apilamiento que se extiende por toda la anchura de los pasillos y el patio, de esta forma protege aún más. Este enfoque específico de los materiales se aplicó también a la selección de los elementos interiores, las instalaciones y el mobiliario.

LILLE ARØYA SUMMER CABIN
Lund Hagem Arkitekter

Location Larvik, Norway **Photographs** © Alexander Westberg, © Ivar Kvaal, © Lund Hagem
Website www.lundhagem.no

The site consists of a series of small island connected by hand-built bridges making a continuous and inhabitable landscape. The lack of flat surfaces, the closeness to the water and the desire not to interfere with the rock, dictated a solution out of the ordinary.

The building creates a site on stilts that latches onto the island to unite the new with the old. Bedrooms and bathrooms are located in volumes placed on the threshold between the island and the new surface, whereas the roof spanning across the new deck creates a shelter for living.

The timber structure is visible forming the exterior and the interior. Glulam beams span from inside to outside and together with raw steel columns and a white concrete fireplace shape and colour the interior. Solid steel columns carry the "new site" for the house. The materials are kept to a minimum. Ore Pine is used outside and inside. Some of the exterior is stained black to tie in with the surroundings, the rest is left to patinate.

El proyecto consiste en una serie de pequeñas islas conectadas por puentes construidos a mano que forman un paisaje continuo y habitable. La falta de superficies planas, la cercanía al agua y el deseo de no interferir con la roca, dictaron una solución fuera de lo común.

El edificio descansa sobre pilotes que se clavan a la isla para unir lo nuevo con lo viejo. Los dormitorios y los baños están situados en volúmenes situados en el umbral entre la isla y la nueva superficie, mientras que el tejado que abarca la nueva planta crea una zona de estar protegida.

La estructura de madera es visible formando el exterior y el interior. Las vigas de madera laminada se extienden desde el interior hacia el exterior y junto con las columnas de acero en bruto y una chimenea de hormigón blanco dan forma y color al interior. Sólidas columnas de acero soportan el "nuevo terreno" para la casa. Los materiales se mantienen al mínimo. El pino se utiliza tanto en el exterior como en el interior. Parte del exterior está teñido de negro para encajar con el entorno, el resto se deja que adquiera su pátina.

Site plan

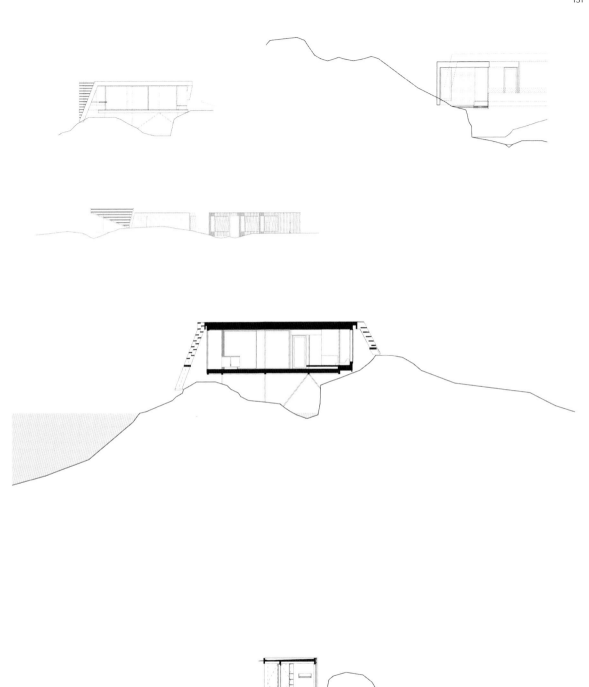

A HOUSE FOR THE BEST YEARS

Matej Gašperic

Location Velesovo, Slovenia **Photographs** © Virginia Vrecl **Website** www.birogasperic.com

This property was designed as the perfect home for an older couple with their own list of expectations and personal preferences. With their children now grown up, the parents are returning to life as a couple, and while the children will still return to the house, they will do so only for visits. The house also needed to be sustainable in the widest sense of the word, with low energy consumption.

The powerful combination of romantic pastures and contemporary architectural approaches is in tune with the rural environment and fits with the owners' passion for living life in the present. The wrought-iron peacock on the roof that dutifully marks the direction of the wind, together with other details, reinterprets knowledge and forgotten forms that are carefully adopted into modern materials, construction methods, and, of course, the new way of life.

The long, thin house, humbly follows the natural slope without being higher at any point. It maintains its proportionality as a fixed-height shape, giving it a unique look. Furthermore, the local architectural heritage, rich in both quality and quantity, was respected on all levels throughout the entire design process.

As the last building of the village, the house acts as a type of transition between the urbanized area and the surrounding meadows and countryside.

La vivienda se diseñó para ser el hogar perfecto de una pareja ya mayor. Con lo hijos ya crecidos, los padres vuelven a ser una pareja, y los hijos, aunque volverán, claro, lo harán solo como visitas. Además, tenía que ser sostenible en sentido amplio de la palabra y de bajo consumo energético.

La potente combinación visual de románticos pastos con enfoques arquitectónicos contemporáneos está en sintonía con el entorno rural, y obedecen a la pasión de los propietarios por vivir la vida en el presente. El pavo real de hierro forjado que obedientemente marca la dirección del viento en el tejado, junto a otros detalles, reinterpretan conocimientos y formas ya desaparecidas que son cuidadosamente adoptadas a materiales contemporáneos, estrategias de construcción y, por supuesto, a las nuevas formas de vida.

La vivienda, larga y delgada, sigue humildemente la pendiente natural del terreno sin llegar a ser más alta en ningún punto. Mantiene su proporcionalidad, un volumen fijo en su altura, lo cual la dota de un aspecto distintivo único. Además, el patrimonio arquitectónico local, rico en calidad y cantidad, se respeta en todas la fases del proceso de diseño.

Como último edificio de la aldea, la vivienda actúa como forma de transición desde la zona urbanizada hacia la zona de prados y campos colindantes.

The porch entryway offers an unobstructed view. The open layout traps and conserves incoming sunlight from the south and directs it inside through the structure of adjacent spaces.

La entrada desde el porche ofrece una vista despejada, un ambiente amplio que recoge y conserva los rayos de sol del sur y los envía hacia el interior, a través de la estructura de espacios contiguos.

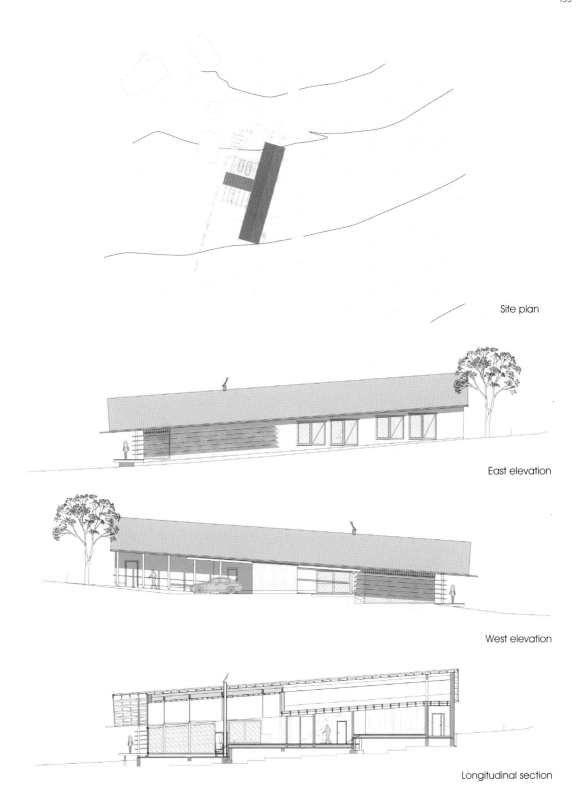

Site plan

East elevation

West elevation

Longitudinal section

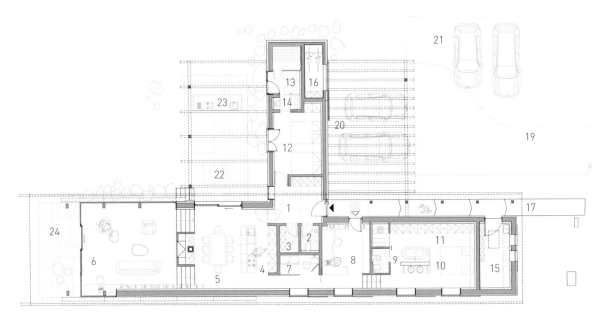

West elevation

1. Entrance
2. Toilet
3. Storage room
4. Kitchen
5. Dining room
6. Living room
7. Utility room
8. Studio
9. Bathroom
10. Master bedroom
11. Wardrobe
12. Guest room
13. Sauna
14. Shower
15. Heating and ventilation
16. Bike storage
17. Walkway
18. Corridor
19. Driveway
20. Parking
21. Guest parking
22. Summer terrace
23. Outdoor kitchen
24. Morning terrace